Art de Payer ses Dettes

OU

Le CODE du DÉBITEUR

PAR

G. EDMOND-RAOUL

HUISSIER

Pauvreté n'est pas Vice.

PARIS

Vve HAYARD

ÉDITEUR, RUE DU CROISSANT, 8

1904

L'Art de Payer

ses Dettes

OU

Le Code du Débiteur

PAR

G. EDMOND-RAOUL

HUISSIER

Pauvreté n'est pas Vice.

PARIS

Vᵛᵉ HAYARD

ÉDITEUR, RUE DU CROISSANT, 8

—

1904

PRÉFACE

Le présent petit ouvrage ne s'adresse ni aux émules de Schaunard et autres escamoteurs du meuble, ni aux gens qui ont accoutumance de se réfugier dans le maquis de la procédure pour frustrer leurs créanciers. Les uns comme les autres n'ont pas besoin de nos conseils.

Ces lignes sont destinées uniquement aux débiteurs malheureux et de bonne foi, ainsi que les qualifie le Code. S'ils peuvent y puiser quelques renseignements utiles pour les aider à adoucir leurs peines et arriver à sortir avec honneur d'une situation pécuniaire gênée, le modeste but que je me suis proposé sera entièrement rempli.

G. EDMOND-RAOUL.

L'ART DE PAYER SES DÉTTES

PAR

G. EDMOND–RAOUL

———

Le débiteur

Le sort des débiteurs n'a jamais été heureux.

Dans l'antiquité, pendant tout le moyen âge et durant même les temps modernes, l'on a jeté dans les prisons les pauvres gens qui ne pouvaient pas payer leurs dettes.

La contrainte par corps en matière civile n'a été abolie que par la loi du 22 juillet 1867.

Il n'y a donc même pas quarante ans.

Aujourd'hui encore il arrive de voir mettre sur la paille des personnes appartenant aux diverses classes de la société par un créancier dur et intraitable.

Cependant il est permis de constater avec satisfaction, que nos mœurs contemporaines tendent sinon vers la pitié, du moins vers l'indulgence et la patience vis-à-vis des malheureux.

Cette tendance a produit une répercussion

chez nos législateurs qui ont déjà fait de nombreuses propositions pour améliorer et humaniser le Code.

Il faut espérer que quelques-uns de ces projets ne tarderont pas à aboutir.

Tous ont pour but la diminution de la charge écrasante des frais de justice.

En attendant ces bienfaisantes réformes nous voulons donner quelques *conseils pratiques* aux personnes gênées ou poursuivies, leur indiquant le moyen d'éviter, dans nombre de circonstances, des frais judiciaires très onéreux.

De tous temps la bête noire du débiteur, le cauchemar qui le hantait pendant son sommeil a été : L'Huissier.

Bien à tort à notre avis.

L'on raconte qu'Alexandre Dumas père, sollicité de donner dix francs pour l'enterrement d'un huissier, aurait répondu : « Voilà vingt francs, mon ami, tâchez d'en enterrer deux ! »

L'on n'ignore pas que le grand romancier, qui n'avait jamais le sou, a été traqué pendant toute sa vie par ces officiers ministériels.

Il est facile de comprendre que le débiteur qui ne voit en l'huissier que l'homme au papier de chagrin, désire ardemment le voir supprimé.

Des journalistes, hommes de lettres et parlementaires ont souvent repris cette idée.

En 1886, M. Michelin, député de la Seine, avait soumis aux hautes assemblées un projet tendant à la suppression radicale des huissiers. Tous ces « imaginatifs » n'ont pas réfléchi qu'en supprimant cette charge les sentences de justice resteraient lettre morte et qu'il faudrait remplacer les huissiers par une autre catégorie d'exécuteurs de la loi.

On changerait un nom, rien de plus.

Bien entendu, l'on n'a jamais tenu compte de pareilles utopies.

L'institution des huissiers est loin d'être parfaite, mais elle est susceptible d'améliorations.

Ce n'est pas là, du reste, que gît le mal.

Ce qu'il faut changer, c'est la façon d'agir et de faire de l'homme qui n'est pas riche et qui doit de l'argent.

Si nous en croyons M. Brieux, tout père de famille ayant cinq enfants et gagnant deux mille cent francs par an doit s'endetter chaque année de cinq cents francs.

Nous n'admettons pas l'absolue exactitude de cette théorie et nous ne pensons pas que la modicité des salaires soit la cause déterminante et nécessaire du non paiement en général.

Nous estimons au contraire qu'une véritable ménagère, digne de ce nom — et il en existe des quantités — saura toujours joindre les deux bouts.

L'on *devient débiteur* par suite de maladie, de décès, de manque de travail, de mauvaises spéculations et très souvent par une gestion maladroite ou inexpérimentée et parce qu'on ne sait pas administrer.

Mieux vaut prévenir que guérir, et sauf les trois cas de décès, maladie ou manque de travail du chef de la famille, l'on peut arriver à se tirer d'affaires sans contracter de dettes à la condition de s'y prendre adroitement.

Avant toute chose la mère de famille doit

savoir acheter et parmi les aliments connaître ceux qui nourrissent, entretiennent le corps et ne coûtent pas cher. La marée et les féculents rentrent en grande partie dans cette catégorie.

Un enseignement d'économie domestique rendrait certainement des services sous ce rapport.

Une ménagère ne devra pas ignorer que l'organisme peut parfaitement bien se passer d'alcool.

Son mari fera bien d'approfondir ce sujet notamment en ce qui concerne la goutte et les soi-disant apéritifs.

Ceci à titre de simple indication pour engager un ménage besogneux à éviter les dépenses qui le grèvent, mal à propos.

Si enfin, malgré toutes les précautions, l'on doit de l'argent à un ou à plusieurs créanciers, que faut-il faire ?

Nous allons essayer de répondre à cette question dans les lignes ci-après.

I

Les salariés

L'homme qui n'a que son travail pour gagner sa vie et entrenir une famille, est le moins bien placé dans la société pour satisfaire à toutes les nombreuses nécessités de l'existence. C'est lui généralement qui fait des dettes. Lorsque pour un motif ou pour un autre le malheur est arrivé, il doit éviter ce qui est habituel chez les débiteurs : Faire le mort vis-à-vis du créancier.

Il ne devra pas, lorsqu'il rencontrera dans la rue son tailleur auquel il n'a pas encore soldé sa note, détourner la tête pour ne pas le voir et ne pas le saluer.

Rien ne fait plus mauvaise impression.

Tout au contraire ; franchement, loyalement, il devra aller chez lui, expliquer nettement sa situation et prendre d'accord avec son créancier des époques de paiement. Avec un soin jaloux, méticuleusement, soit tous les mois, tous les quinze jours ou toutes les semaines, selon la convention, à jour fixe il ne manquera pas de porter l'acompte promis.

L'importance de ce versement mensuel, bimensuel ou hebdomadaire est naturellement proportionnée à la somme due.

Pour cent francs par exemple l'on devra payer tous les mois au moins 15 à 20 francs.

Mais si l'ouvrier a du chômage ou est malade, il obtiendra certainement une réduction de cet acompte. L'essentiel est, nous le répétons, la *régularité mathématique et absolue* des verse-ments. Le créancier recevra sans aucun doute même cinq francs seulement, à la date convenue, alors qu'il sera indisposé, si on ne lui donne rien pendant plusieurs mois.

Je tiens ici à faire observer aux débiteurs de se méfier d'eux-mêmes, lorsqu'ils se disent qu'ils se rattraperont le mois prochain. Cela est une pure illusion et il est excessivement rare, que l'employé qui ne trouve pas dix francs au premier mars trouve le double de cette somme au premier avril. Il a même un avantage sur l'homme établi, c'est de pouvoir évaluer exactement à l'avance ses ressources. Il n'a pas besoin d'escompter des rentrées, car il sait d'une façon certaine qu'il touchera à un moment précis son mois ou sa quinzaine.

Il lui est donc relativement facile d'établir son budget et d'en distraire une petite somme pour son créancier. Il devra en conséquence concentrer tous ses efforts *au paiement exact à échéance déterminée d'un acompte si minime qu'il soit.*

Toute la difficulté de se tirer d'une situation pécuniaire embarrassée est résolue par l'application de ce principe. Du reste les résultats obtenus par les huissiers, n'ont pas d'autre cause que le harcellement du débiteur pour lui arracher des *versements partiels.*

Le système que je viens de préconiser, a été

consacré déjà depuis de longues années par les éminents magistrats qui président l'audience des Référés au Tribunal civil de la Seine.

Dans leurs ordonnances ils accordent en effet terme et délai. en autorisant le débiteur à se libérer dans un, deux ou trois mois, par moitié, tiers, quart, etc.; c'est à dire en *fractionnant la dette*.

Si, chose assez fréquente, l'employé a de nombreux, disons une quinzaine de créanciers, il lui sera impossible bien entendu de distraire quinze acomptes de son salaire, pour chacun de ses créanciers.

Dans ce cas, il devra sans hésiter et *avant toute poursuite*, aller trouver un huissier, lui remettre la liste complète des personnes auxquelles il doit de l'argent et le montant de ce qui est dû. Il devra s'engager et tenir scrupuleusement son engagement à verser tous les mois une somme à déterminer par le chiffre plus ou moins élevé des dettes à solder entre les mains de cet officier ministériel. L'huissier, lorsqu'après plusieurs mois, il y aura une certaine somme, en fera la répartition au marc le franc aux intéressés.

Il écrira ou fera même personnellement des démarches auprès des créanciers pour obtenir qu'ils acceptent les propositions du débiteur.

Très souvent cette méthode a donné d'excellents résultats. Ci-après le tableau d'une répartition faite à onze créanciers.

RÉPARTITION X...

demeurant à ....

X... a versé à M^e .... à ce jour. 162 »

M^e ... déduit pour ses frais de cor-
respondance, honoraires de répartition,
etc . . . . 12 »

Il reste à distribuer. . . . 150 »

Dividende : 19 fr. — 15 0/0 à chaque créancier
ci-après :

	NOMS DES CRÉANCIERS	SOMMES DUE	IL REVIENT NET
1	A.	53.90	10.32
2	B.	102.25	19.42
3	C.	148.90	28.29
4	D.	61 »	11.60
5	E.	13 »	2.47
6	F.	64.60	12.27
7	G.	72.25	13.72
8	H.	10.85	2.06
9	I.	71.05	13.49
10	J.	85.10	16.16
11	K.	99 »	20.20
	Totaux	781.90	150 »

Ce débiteur a versé d'une façon à peu près
régulière des acomptes mensuels de 15 francs.

Une deuxième répartition donne un dividende
de 25 0/0, une troisième 40 0/0 et ainsi en aug-
mentant jusqu'à complète libération.

Cette distribution amiable est subordonnée
au consentement de tous les créanciers.

Si l'un d'eux refuse, la répartition échoue et le débiteur est en butte aux poursuites judiciaires.

En province, où les ménages d'ouvriers n'ont souvent qu'un mobilier sans valeur, la saisie-arrêt conformément à la loi du 12 janvier 1895 est la voie à laquelle on a d'habitude recours.

Cette loi est applicable d'abord aux ouvriers quelle que soit la somme à laquelle leur salaire puisse s'élever, puis aux employés dont le traitement est inférieur à 2.000 francs.

On a proposé de supprimer cette loi.

La suppression aurait eu pour effet immédiat, de couper radicalement le crédit à la classe ouvrière et de l'exposer à des poursuites judiciaires excessives.

Un certains nombre de députés et de sénateurs en faisant cette proposition avaient estimé que les frais de saisie-arrêt grevaient trop lourdement les travailleurs.

Ce n'est pas ici l'endroit de réfuter cette thèse.

Pour pratiquer une saisie-arrêt, il est indispensable de se procurer ce que l'on appelle un titre. On obtient ce titre de deux façons : en prenant jugement ou en se faisant délivrer par le débiteur une reconnaissance de dette.

Il n'y a que la procédure de prise de jugement qui est coûteuse, mais le débiteur n'aura qu'à suivre nos conseils pour l'éviter.

Qu'il aille trouver son créancier et demande à lui signer une reconnaissance de la dette. Avec cet effet, enregistré, l'huissier du créancier pourra mettre une opposition chez le patron.

Ce dernier retiendra le dixième du salaire.

Tous les autres créanciers auxquels une reconnaissance devra également être remise, participeront par voie d'intervention au greffe de la Justice de Paix du domicile du défendeur à la répartition qui aura lieu, lorsque le vingtième de la totalité des créances sera retenu.

Nous le répétons, ce qui épargnera des frais onéreux au travailleur, sera d'agir honnêtement et franchement avec son créancier, de ne pas se dérober, mais au contraire de *provoquer lui-même la saisie-arrêt* dans le but de ne pas forcer le créancier à prendre jugement contre lui.

Par suite de ce bon procédé il pourra favorablement influencer et obtenir de son créancier. la renonciation absolue et formelle à toute poursuite judiciaire mobilière aussi longtemps qu'il justifiera d'un travail régulier. Là encore il aura plus de chance de succès s'il charge un huissier de ses intérêts et que ce dernier transmette l'offre de la saisie arrêt volontaire au créancier, en le priant de renoncer à prendre jugement.

Cette saisie-arrêt constitue, nous n'avons pas besoin de l'ajouter *une délégation de salaires garantie par le patron.* Les frais ne sont pas importants. Ceci pour le cas de refus du créancier de versements mensuels, soit entre ses mains directement, soit entre les mains de l'huissier qui aurait été chargé de la répartition amiable.

D'autre part, il est incontestable que le créancier a toujours le droit de poursuivre par la voie mobilière, c'est-à-dire en prenant juge-

ment devant le tribunal compétent, malgré
toutes les offres amiables du débiteur ou de la
saisie arrêt déjà existante.

Il est intéressant cependant de noter en pas-
sant un jugement rendu par Monsieur le Juge
de Paix du canton de Charleville, le 26 sep-
tembre 1903.

Nous extrayons du « Moniteur des Huissiers »
les principaux motifs de cette sentence.

« Attendu que MM. Hertz et Cie intentent
une action contre Rennesson, pour avoir paiement d'une somme de quarante-deux francs
20 centimes.

« Attendu qu'à notre audience de conciliation
le débiteur a reconnu la dette, a offert de signer
une reconnaissance, d'en payer les intérêts et
la participation du demandeur dans la répartition
du dixième saisi.

« Attendu que nonobstant cette offre les
demandeurs ont fait citer le défendeur.

« Attendu que si la faculté d'agir en justice
pour faire reconnaître et respecter ses droits
dérive du droit naturel, il faut au moins que
celui qui veut intenter une telle demande y ait
intérêt ;

« Que si le but évident de toute action est de
contraindre celui contre lequel elle est dirigée à
l'accomplissement de ses obligations, il s'ensuit
qu'on n'en peut former aucune si l'on a un
intérêt quelconque à le faire ;

« Attendu qu'en exécution de ces principes,
nous allons examiner si le titre sollicité par les
demandeurs est ou sera nécessaire.

« Attendu que Rennesson, qui n'a pas réussi

dans son commerce, puisqu'il a dû déposer son bilan, doit des sommes relativement considérables et est homme de peine dans toute l'acception du mot, ne peut même, malgré les privations, subvenir par son travail à nourrir et entretenir sa famille composée de six enfants ;

« Qu'une saisie-arrêt a été pratiquée sur ses salaires ; que tous les ans l'huissier Rose distribue les sommes retenues, à tous les créanciers et au marc le franc.

« Qu'en dehors de ce salaire modique, il ne possède qu'un chétif mobilier, tels que lits et objets de première nécessité déclarés insaisissables par l'article 592 du Code de procédure civile et que lui a laissé le liquidateur judiciaire ; que par conséquent, à quelque point de vue qu'on puisse se placer, le titre exécutoire que l'on réclame est inutile.

« Que non seulement il est inutile, mais encore nuisibles aux intérêts du fournisseur, aux intérêts du marchand, aux intérêts du commerçant.

« Par ces motifs :

« Statuant contradictoirement et en dernier ressort, disons qu'il n'y a pas lieu de prononcer de condamnation.

« Et attendu que celui qui succombe doit supporter les frais.

« Condamnons les demandeurs aux frais de l'instance. »

Ce jugement est croyons nous absolument isolé et contraire à toute la jurisprudence courante.

II

La Justice de paix

La personne qui voudra exercer des pour-suites contre un débiteur possédant un mobi-lier ou des immeubles devra se pourvoir devant un tribunal.

D'une manière générale, les affaires au-des-sous de 200 francs, à l'exception des loyers an-nuels jusqu'à 400 francs, sont de la compétence du juge de paix.

Dans le précédent chapitre nous avons en-gagé le débiteur à aller trouver de son propre chef le créancier pour arrangement ; ici nous insistons pour qu'il se présente en personne ou par fondé de pouvoir régulier au premier appel de la justice.

L'avertissement en conciliation envoyé par le greffier de la justice de paix ne coûte que 0 fr. 90 centimes et souvent, le juge de paix ai-dant, une affaire ne sort pas de son cabinet.

Les frais que le débiteur devra supporter sont donc nuls ou à peu près. Nous ajoutons qu'en conciliation le débiteur peut se faire représen-ter par un mandataire *sans pouvoir*.

Nous lui recommandons néanmoins de choi-sir de préférence comme son représentant un membre de sa famille ou un ami dévoué, et d'é-viter avec soin de confier ses intérêts à l'un de ces professionnels louches qui rôdent notamment dans les prétoires de Justice de paix de la capitale.

S'il a pu obtenir terme et délai en conciliation qu'il fasse tout son possible pour tenir ses engagements. Sous ce rapport il faut que nous constations avec regret qu'à Paris la conciliation est devenue une pure formalité.

Mais cela provient de ce que le temps matériel manque aux magistrats conciliateurs. En quelques minutes le permis de citer est donné et les frais commencent. Rien de plus facile pourtant que décharger les juges de paix de cet excès de besogne.

Ils ont deux suppléants. L'un de ces messieurs pourrait s'occuper de l'apposition des scellés et siéger dans les affaires d'audience où le débiteur a fait défaut en conciliation, et l'autre pourrait présider les Conseils de famille.

Un allègement sensible se ferait pour le juge titulaire qui pourrait consacrer une partie notable de son temps à remplir son véritable rôle : *la Conciliation.*

Si cette dernière n'a pu avoir lieu, le débiteur arrive à l'audience sur citation et un jugement intervient. Ici encore, nous recommandons au débiteur de se présenter et *de demander à payer par fractions.* Nous ne pouvons résister à cet endroit à l'envie de mentionner la jurisprudence d'un juge de paix de la banlieue de Paris.

Ce brave magistrat accorde dans tous ses jugements terme et délai, aux débiteurs, même *s'ils font défaut.*

Il stipule plus encore : que la totalité de la

dette ne devient exigible que si les *deux* premiers paiements partiels n'ont pas été effectués.

Il serait à souhaiter que cet exemple trouvât des imitateurs dans la France entière.

Puisque nous en sommes aux souhaits pour les malheureux, nous voudrions voir autoriser les femmes des débiteurs à se présenter, *sans pouvoir régulier*, à l'audience, mais simplement avec la copie de la citation et une pièce justificative, comme l'on en exige, par exemple, à la poste pour toucher un mandat. Inutile d'ajouter que le bon juge de paix, dont nous parlons plus haut, ne demande aucune pièce et est heureux d'accorder des délais à quiconque se présente pour le débiteur.

Lorsque la réclamation dépasse deux cents francs, le tribunal civil doit rendre le jugement, mais rien ne s'oppose à ce que le débiteur, d'accord avec son créancier, se présente devant la Justice de Paix de son domicile pour demander la *prorogation de compétence*.

Des frais considérables sont ainsi évités au débiteur, mais le créancier, de son côté, fait l'économie des honoraires d'avoué auquel il aurait dû recourir, s'il avait été obligé de porter l'affaire devant le tribunal civil. Il gagne aussi du temps, parce que le rôle du tribunal est chargé et la procédure longue. Le débiteur pourra donc équitablement exiger du créancier qu'en compensation de sa bonne volonté, de la rapidité, avec laquelle il lui donne entre les mains un titre contre soi-même et de l'économie d'argent et de temps qu'il lui permet de réaliser, ce dernier lui accorde la faculté de se libérer par acomptes.

III.

Le Tribunal civil

Le Tribunal de première instance est appelé à juger les affaires non commerciales qui dépassent la compétence des Justices de Paix. On doit s'adresser à un avoué pour plaider devant cette juridiction.

Lorsque le débiteur aura été assigné à « comparaître à huitaine franche », cela voudra dire qu'il devra aller trouver un avoué. S'il est dénué de ressources, il pourra écrire au bureau de l'assistance judiciaire qui existe près tous les tribunaux civils.

Il aura à produire : 1º un certificat d'indigence délivré par le Maire de sa commune ; 2º un certificat de non imposition du percepteur.

Après délibération du Bureau, l'assistance judiciaire lui est accordée ou refusée.

Que l'on nous permette à cet endroit une petite disgression à propos de la signification des assignations et des autres exploits qui peuvent en être la suite. L'article 68 du Code de procédure civile a déjà été modifié par la loi du 15 février 1899 concernant la remise des actes sous pli fermé. Seulement il nous paraît que les législateurs ont eu tort de laisser subsister dans cet article la remise au « voisin » qui signera l'original. Qu'arrive-t-il en effet en cas d'absence de la partie de ses parents ou serviteurs?

L'huissier s'adresse au plus proche voisin. Dans 99 cas sur 100 au moins, le brave homme assez curieux comme tout bon voisin, demande à l'officier ministériel ce que contient l'acte qu'il est chargé de remettre et commence sur le champ à *lire* l'original qu'il doit *viser*.

L'on voit par ce fait combien le secret des actes — car tel est le vœu de cette loi — est bien gardé. En réalité, et tous les praticiens seront de mon avis, le voisin refuse à de très rares exceptions près, de recevoir la copie, parce qu'il craint surtout et principalement à la campagne d'apposer sa signature, croyant prendre des responsabilités ignorées. Par ce double motif : 1° l'impossibilité matérielle de remplir la condition exigée par le Code ; 2° la contradiction existant entre le vœu de la loi et la réalité du fait, le passage relatif au voisin, devrait être supprimé et l'huissier autorisé à se transporter à la Mairie sans autre formalité comme en matière de Justice de Paix.

D'autre part il serait à désirer que l'huissier laissât au débiteur, un avis écrit de se présenter à la Mairie pour retirer un acte le concernant. Pour être encore plus certain que le débiteur soit touché par la signification, l'on devrait obliger les Maires d'adresser une note au débiteur l'informant qu'un acte en son nom a été déposé. De cette façon le crédit du malheureux débiteur ne serait pas miné par suite de racontars et toute indiscrétion préjudiciable deviendrait impossible.

IV

Le Locataire

La dette privilégiée par excellence est le loyer. Le législateur a cru devoir armer d'une façon toute particulière le propriétaire de maisons ou de terres; aussi a-t-on l'habitude de considérer un locataire qui ne paie pas son loyer comme un très mauvais débiteur.

Pour faciliter le paiement du loyer au travailleur on a souvent préconisé le paiement par semaines, quinzaines ou mois. Ce mode de paiement a certainement de grands avantages, parce qu'il correspond aux époques où l'ouvrier touche son salaire. Mais notamment le loyer à la semaine a l'inconvénient que par suite du trop grand fractionnement les centimes finissent par augmenter le total de plusieurs francs et peuvent fournir une indication vers une élévation générale des loyers.

Un système simple et pratique pour l'ouvrier qui est payé hebdomadairement nous semble être la tire-lire. Il dépose lui-même chaque samedi soir la partie exacte du loyer dans la boîte fermée à clef et à la fin du trimestre il trouve le terme pour son propriétaire. Si le travailleur n'a pas pu payer son loyer à l'échéance, qu'il essaye dans le courant du trimestre de s'acquitter par acomptes jusqu'à ce qu'il soit à jour.

Si l'on doit plusieurs termes à son propriétaire et si l'on possède un objet représentant une certaine valeur, comme un piano, un grand

buffet, un sopha, etc., nous conseillons au locataire de le donner en gage au propriétaire, de
déménager et de louer un logement moins cher,
et de se libérer avec le temps pour pouvoir re-
prendre son meuble.

Si le locataire est à bout de ressources, il
pourra éviter la saisie et toute la longue et dou-
loureuse série des poursuites judiciaires en pro-
posant au propriétaire de lui abandonner son
mobilier pour le faire vendre par ministère de
commissaire-priseur et lui remettre un pouvoir
à cet effet. S'il s'agit d'un fermier ou d'un commerçant la vente comprendra les récoltes, le
matériel, l'achalandage et les marchandises.
Ce conseil a été mis en pratique dans sa jeu-
nesse par Ernest Daudet, le frère du célèbre
romancier. Dans son livre « Mon frère et
moi », il raconte qu'en 1856 alors qu'ils avaient
perdu tout leur avoir à Lyon, il était allé trouver le régisseur de la maison. « Je lui fis part
« de nos résolutions, dit-il, en le priant de
« nous épargner des poursuites judiciaires et
« de laisser à la vente de notre mobilier un
« caractère amiable. Nous fîmes ensemble
« l'inventaire des objets qui garnissaient notre
« appartement; il me permit d'en enlever un
« certain nombre dont la dispersion eût dé-
« chiré le cœur de la pauvre maman déjà en
« route pour le midi. La vente eut lieu. Et
« quand eurent été mises de côté la part des
« créanciers, celle de ma mère, il me resta
« quelques écus qui me permirent d'arriver à
« Paris avec cinquante francs dans ma poche. »

Cet exemple est typique. Il démontre le bon
résultat qu'on peut tirer de notre indication.

V

Les successions

L'héritier qui au lieu d'argent ne recueille
que des dettes devra renoncer à la succession
par déclaration expresse faite sur un registre
spécial déposé au greffe du tribunal de première
instance où cette succession est ouverte. Il aura
à se munir des pièces certifiant son identité ou
ce que vaut mieux, devra se faire accompagner
par un avoué. Le mobilier quelque insignifiant
qu'il soit, devra être vendu sans attribution de
qualités en vertu d'une ordonnance du Président
du Tribunal civil et l'héritier devra bien se gar-
der de s'approprier un objet quel qu'il soit dé-
pendant de la succession.

Le produit de la vente sera distribué aux
créanciers. S'il existe des immeubles dont la
valeur bien entendu est supposée inférieure au
passif, l'héritier agira sagement en allant chez
l'avoué qui lui indiquera la marche à suivre
pour les faire vendre.

VI

Les offres réelles

Lorsqu'un débiteur sera en butte à une réclamation exagérée de la part d'un créancier, il fera
faire par un huissier des offres réelles de la
somme qu'il reconnaît légitimement devoir. Il
faut que celle-ci soit une rétribution reconnue
suffisante par le tribunal, sinon les offres sont
déclarées nulles et non avenues.

VII

Les Commerçants

Le commerçant périclite dans ses affaires pour des causes multiples et complexes. Il est impossible de poser un principe général sous ce rapport. Tantôt la débâcle est le résultat d'une mauvaise spéculation, tantôt elle provient d'une crise économique, le plus souvent elle est la suite du manque d'ordre et de connaissances. C'est notamment le petit commerçant ou industriel qui est digne d'intérêt.

Il est placé dans une situation inférieure vis-à-vis des grandes entreprises commerciales, riches et puissantes dont la concurrence lui devient funeste.

Voilà pourquoi s'il ne veut pas succomber dans la lutte, il devra déployer la plus grande activité, apporter de la méthode et de l'ordre dans ses opérations et réduire au strict minimum ses frais généraux. Il sera de son devoir de surveiller étroitement son crédit parce qu'une perte pour lui est plus redoutable que pour une grosse maison.

S'il est gêné, il demandera à son fournisseur non pas de lui remettre une traite de 300 francs à six mois, mais de la payer par *fractions de cinquante francs* mensuellement à moins qu'il ne sache de façon certaine qu'à un moment donné il aura cet argent disponible. Il devra s'il ne peut faire face à son échéance en prévenir à l'avance le tireur, pour que ce dernier puisse retirer l'effet de la circulation et éviter ainsi le protêt.

S'il n'a pas pu payer avant l'audience du Tribunal de Commerce pour laquelle il a été assigné, nous l'engageons à se présenter et demander terme et délai pour payer par mensualités et en deux ou trois fois.

Le Tribunal de Commerce de la Seine a coutume d'accorder vingt-cinq jours pour toute dette reconnue.

La jurisprudence des référés dont nous avons parlé plus haut nous semble préférable, parce qu'elle a égard à la situation réelle du débiteur qui soldera plus facilement cinq cents francs en trois acomptes qu'en une seule fois après le même délai. S'il fait défaut, il est condamné sans avoir obtenu de délai et la grosse du jugement est levée et lui est signifiée. Ce sont là frais coûteux et inutiles. Il est vrai qu'en se présentant à l'audience il rend le jugement contradictoire et perd le bénéfice d'y former opposition (moyen dilatoire) la cause revenant à nouveau devant le tribunal qui rend un deuxième jugement. Durant tout le temps qui s'écoule pour l'obtenir et pour expédier la grosse au greffe, le débiteur n'est pas inquiété. Malgré le temps qu'il gagne par cette procédure nous n'osons la recommander que lorsqu'il s'agit de sommes importantes, estimant que pour une dette minime les frais sont hors de proportion avec le principal.

Le débiteur sauvegardera mieux ses intérêts en signant un acquiescement au jugement par défaut. Il obtiendra de ce fait de l'huissier un délai de vingt cinq jours et ceci avec peu de frais.

Pour interjeter appel les frais sont encore plus coûteux.

Il serait à désirer qu'il fut créé près les tribunaux de commerce un bureau de conciliation comme en matière civile, car il existe, et c'est peut-être le plus grand nombre, certaines catégories d'industriels et de commerçants qui n'en ont que le nom et qui en réalité ne sont que des ouvriers. Cependant ils sont justiciables du Tribunal de Commerce. Ils doivent souvent quarante, cinquante ou cent francs à leurs fournisseurs et le coût d'un jugement et des dépens atteint facilement cette somme. Devant le bureau seraient portées toutes les affaires au-dessous de cent francs.

Il n'y aurait lieu à jugement qu'en cas d'inexécution des engagements pris par le débiteur en conciliation.

Lorsque le commerçant sera dans l'impossibilité de satisfaire ses créanciers, il pourra tenter ce que l'on appelle le contrat d'atermoiement et qui n'est autre chose qu'un concordat amiable accepté par tous.

La pratique cependant a démontré que ces atermoiements réussissent rarement. Le commerçant courra peut-être de plus grandes chances de succès, s'il peut arriver à vendre son fonds de commerce. Les deniers provenant du fonds servent alors immédiatement à désintéresser les créanciers. Cette vente également dépend du consentement de tous les créanciers sans exception qui ne touchent d'habitude qu'un dividende plus ou moins élevé. Pour

trouver un acquéreur le commerçant est pres-
que toujours obligé d'avoir recours à un intermédiaire.

Un certain nombre d'agences s'inquiètent
fort peu de trouver au commerçant un ache-
teur, la seule chose qui les préoccupe c'est de
toucher dans le plus bref délai une somme de
cent à cinq cents francs pour une publicité qui
leur a coûté trois francs. Voilà comment ces
hommes d'affaires peu scrupuleux procèdent.

Ils envoient chez le commerçant un inspec-
teur qui fait signer un « Bon de commission »
Nous tenons à mettre sous les yeux du lecteur
un de ces bons de commission en laissant seulement de côté les noms des parties en cause.

En voici le libellé :

Je ——————— soussigné, propriétaire, charge
M ————————— de la mise en vente et de la
cession de mon fonds de ——————— et pour ce
m'engage à lui payer :

500 francs pour commission le jour où le
montant intégral du fonds me sera versé.

(Si la vente a lieu par M ———————

300 francs le jour de la vente pour l'inventaire
des marchandises.

(Si l'inventaire a lieu par M ————)

200 francs payables à vue dès que la mise en
vente aura parue dans le journal.

(Si la mise en vente a lieu par M ———————)

Il est bien entendu que je suis toujours libre
de traiter moi même et dans ce cas je ne devrai
pas la commission, pas plus que les frais d'inventaire, si mon fonds n'est pas vendu par
M ———————.

Le lendemain du jour où l'imprudent vendeur a signé ce bon, il y a une insertion dans un journal, et il est informé qu'il doit payer une somme de deux cents francs. Le peu délicat agent d'affaires est arrivé à créer dans l'esprit du commerçant une confusion entre *mise en vente et vente*.

Ci-après le modèle d'un bon de commission que le commerçant pourra signer sans crainte :

Je soussigné ———————— m'engage à payer à M ——————— la somme de ————— à forfait ou si on le préfère cinq pour cent sur le prix de vente, si mon fonds de commerce de———————— situé à ——————— est vendu sur les indications ou par son intermédiaire.

Je me réserve la faculté de vendre mon fonds en dehors de lui et dans ce cas il ne lui sera absolument rien dû.

      (DATE)————————————————

                (SIGNATURE)

D'autres aigrefins qui vivent sur le dos du commerçant dans la gêne, sont ceux dont les annonces s'étalent sur les quatrièmes pages des journaux. Ces insertions offrent des échanges de signatures, compte à demi, prêts sur signatures, etc

En réalité, on prie le commerçant d'envoyer cinq ou dix francs pour des soi-disant renseignements préalables et une fois l'argent expédié il n'entend plus jamais parler de rien.

La loi du 1er Mars 1898 sur la dation en nantissement des fonds de commerce peut quelquefois rendre des services au commerçant embarrassé, en lui permettant de faire un emprunt. Et les affaires s'améliorant, si le sort le favorise, il n'est pas rare de le voir revenir à meilleure fortune. Seulement, s'il ne réussit pas, la faillite devient désastreuse pour la masse des créanciers, le créancier nanti absorbant à lui seul une grosse partie de l'actif.

Lorsqu'un inventaire dressé consciencieusement aura revélé au commerçant que son passif dépasse son actif, il ne devra pas hésiter à déposer son bilan et ne pas attendre que les protêts et assignations aient fait irruption chez lui. Il pourra alors obtenir le bénéfice de la liquidation judiciaire et sera maintenu à la tête de ses affaires.

Même s'il tombe en faillite, sa réhabilitation est facilitée aujourd'hui en cas de *probité reconnue ;* une loi toute récente du 30 Décembre 1903 édicte les modifications portées aux articles du code de commerce concernant les faillites.

Conclusion

C'est avec intention que nous avons parlé aussi peu que possible de procédure et des moyens que la loi accorde au débiteur pour se dérober et faire traîner les poursuites. Nous estimons en effet que former opposition à jugement par défaut, interjeter appel, faire une action judiciaire quelconque dans l'unique but de *gagner du temps* sont des *moyens dilatoires* trop onéreux pour une personne pécuniairement embarrassée. Nous pensons aussi qu'invoquer l'incompétence ou la prescription devant un tribunal, alors qu'on doit, sont des moyens dangereux et peu recommandables. De même donner son matériel et mobilier en location à un tiers, créer une association fictive, faire revendiquer des objets saisis par une tierce personne alors qu'ils sont la propriété du saisi, invoquer des nullités qui n'existent pas dans un acte de procédure pour s'en faire une arme, sont autant de tentatives frustratoires en usage constant à Paris et dans les grands centres. Les huissiers s'y arrêtent rarement et les tribunaux ont vite fait d'avoir raison de pareils moyens de défense. Le créancier est indisposé et ordonne des poursuites à outrance. Et c'est le débiteur qui est écrasé et marche vers la ruine ou la faillite.

C'est un principe élémentaire d'honnêteté et de bonne foi de tâcher de payer lorsqu'on doit de l'argent. Tous ceux qui diront différemment seront des mauvais conseilleurs.

Si les débiteurs voulaient modifier leur manière de faire, la devise inscrite sur le guidon des huissiers en 1762 : « *Solis infensus iniquis* » Ennemi seulement des injustes, serait peut-être près à se réaliser. Et il n'y aurait plus que les récalcitrants qui seraient poursuivis.

Un mot seulement à messieurs les créanciers pour qu'ils réfléchissent bien avant d'intenter des poursuites judiciaires, sur ce vieil adage :

« Que jamais meubles saisis n'ont payé de dettes ».

Meaux — Imp. LALOT, 2, quai Sadi-Carnot — 4.488

LALOT
IMPRIMEVR
MEAUX